너이기도 했다가 너일 때도 있었다

청춘문고

차례

너이기도 했다가 너일 때도 있었다 · · · · · · · · · · 9
빈소리 · 10
방 · 11
나는 공원이다 · 12
카페 · 13
다른 이름으로 저장 · · · · · · · · · · · · · · · · · · 14
댐 · 15
나의 일부 · 16
처음 · 17
나는 어떤 사람일까 · · · · · · · · · · · · · · · · · · 18
사양할게 · 19
그대 홀로 있기 두렵거든 · · · · · · · · · · · · · 20
내 만족 · 22
어려운 거야 · 23
마음이 말로 표현되는 것 · · · · · · · · · · · · · 24
다른 기억 · 25
미련을 없애는 두 가지 방법 · · · · · · · · · · 26
오죽했으면 · 27
많은 걸 거야, 아마 · · · · · · · · · · · · · · · · · · 28
답은 정해져 있지, 항상 · · · · · · · · · · · · · · 29
헤어질 때 하는 말 · · · · · · · · · · · · · · · · · · 30

아무것도	31
행복하시겠어요	32
있긴 있나 보네	34
보고 싶거나 못 본 지 오래됐거나	36
진즉	37
헤어지는 것	38
눈동자	39
피드백을 여기에 쓰다니	40
지금은 뭐 해요	42
소소	43
그땐 그랬지	44
첫사랑	45
예측되는 사람	46
이런 생각 자체도 미안한 일	47
오늘을 잊지 말자	48
벽과의 대화	49
공유하는 시간	50
시를 듣다	51
모든 게 다 맞을 순 없어	52
연인끼리 안 싸우는 팁	54
그 느낌이 그리워서	56
이 기분	57
지나간	58
앨범에 가을이 없을 뻔했다	59

들어주기만 해도 좋다 · · · · · · · · · · · · · · · · · · · 60
오늘 하루 어땠나요 · · · · · · · · · · · · · · · · · · · 61
추억은 가라앉는 거 · · · · · · · · · · · · · · · · · · · 62
이미 물속이었으면 · · · · · · · · · · · · · · · · · · · 63
더 슬펐을 뻔했다 · · · · · · · · · · · · · · · · · · · 64
가을 타는 · · · · · · · · · · · · · · · · · · · 65
베스트셀러 · · · · · · · · · · · · · · · · · · · 66
평범한 일상을 사는 법 · · · · · · · · · · · · · · · · · · · 67
들어주는 게 전부 · · · · · · · · · · · · · · · · · · · 68
하루의 기록 · · · · · · · · · · · · · · · · · · · 69
확신하지 말 것 · · · · · · · · · · · · · · · · · · · 70
취미 · · · · · · · · · · · · · · · · · · · 72
타이밍 · · · · · · · · · · · · · · · · · · · 73
감정 컨트롤 · · · · · · · · · · · · · · · · · · · 74
텅 빈 헛웃음 · · · · · · · · · · · · · · · · · · · 75
정리 · · · · · · · · · · · · · · · · · · · 76
서두를 필요 없다 · · · · · · · · · · · · · · · · · · · 77
당신은 왜 당신이 힘들지 않아야 한다고 생각하십니까 78
정해진 것들 · · · · · · · · · · · · · · · · · · · 79
한참 부족하다 · · · · · · · · · · · · · · · · · · · 80
유연하다는 것도 가끔은 쓸쓸 · · · · · · · · · · · · · · · · · · · 82
일상을 보고한다는 것 · · · · · · · · · · · · · · · · · · · 83
중고 책 · · · · · · · · · · · · · · · · · · · 84
독백 · · · · · · · · · · · · · · · · · · · 85

언제가 그리우세요? · · · · · · · · · · · · · · · · 86
글과 사람 자체가 꼭 같지는 않다 · · · · · · · · 87
맛있는 것을 버리자 · · · · · · · · · · · · · · · · 88
말할 땐 쉬웠지 · · · · · · · · · · · · · · · · · · · 89
배려 · 90
그린그린 · 91
계절도 감정이 있다면 · · · · · · · · · · · · · · 92
네가 제일 예뻐 · · · · · · · · · · · · · · · · · · 93
악순환 · 94
친함 · 95
그 · 96
금요일 · 97
애잔함 · 98
원래 그런 거야 · · · · · · · · · · · · · · · · · · · 99
억지 관계 · 100
부질없어 · 101
함께 · 102
진짜 잠이 안 와 · · · · · · · · · · · · · · · · · 103
위로 · 104
행복을 느낄 기회가 더 많아, 분명히 · · · · · · · · 105
온통 어무이 · 106
싸워봐야 안다 · · · · · · · · · · · · · · · · · · 108
연인 친구와 친해지길 · · · · · · · · · · · · · 109
간절해야 한다 · · · · · · · · · · · · · · · · · · 110

괜찮아요? · 111
재촉하고 싶지는 않다 · · · · · · · · · · · · 112
자신만큼 · 114
어디가 좋아? · · · · · · · · · · · · · · · · · · · 115
같이 먹고 싶다 · · · · · · · · · · · · · · · · · 116
같이 이겨내려는 노력이 필요 · · · · · · · · 117
오늘은 어땠어? · · · · · · · · · · · · · · · · · 118
내 사람 · 120
100 · 121
사진 찍는 여자 · · · · · · · · · · · · · · · · · 122
문장 찾기 · 123
잦은 우연 · 124
계절을 선물하고 싶다 · · · · · · · · · · · · 125
위로의 말 · 126
짧은 진심 · 127
유년의 역사가 · · · · · · · · · · · · · · · · · 128
다시 고백하고 싶다 · · · · · · · · · · · · · 131
비가 내린다 · · · · · · · · · · · · · · · · · · · 132
날 떠올렸을 때 · · · · · · · · · · · · · · · · · 133
너라서 좋아 · · · · · · · · · · · · · · · · · · · 135
나만의 게임 · · · · · · · · · · · · · · · · · · · 138

너이기도 했다가 너일 때도 있었다

어떤 말이 생각나서라기보다 '너'라고 적어봤는데
'너'가 누구를 지칭하는지 당사자인 내가 망설여졌다.
사랑의 주체가 없는 지금 '너'라는 단어는
과거 모든 연인을 말하는 포괄적인 단어로 느껴졌다.

빈소리

너에게 한 이야기가 너를 관통해 지나가고 나면
그 말들은 허공에 흩날리며 빈소리가 된다.

방

나의 마음은 이만했지만 상대방은 그 마음을
넣을 방이 없었다. 애초에 넣을 생각이 없었을 수도.

나는 공원이다

나는 공원이다.
바쁠 땐 생각 안 나다가
심심하거나 여유 있을 때만 찾는,
편안함을 주지만 정작 주말에만 찾는 그런 곳.

카페

카페는 만남의 장소지만 이별의 장소이기도 하다.
이별의 장소였던 카페는 더 이상 갈 수가 없다.
그 카페 앞을 우연히 지나갈 때면
저기에 앉아 이별을 고하던 나와 그녀가 보인다.

누군가는 오늘도 저기에서
만나고 헤어지고 있겠지.

다른 이름으로 저장

대부분의 기억을 잘라먹고 다르게 기억하고 있던 것이다.
좋은 추억이라 생각한 기억들은 실제로 그 당시에는
온갖 복잡미묘한 감정이 혼합돼 있었지만 그 기억들을
좀먹고 들어가 결국은 기억을 바꿔버린 것이다.

아, 그때 좋았는데, 라고.

의식하지도 못한 채 그렇게 하나하나
다른 이름으로 저장하고 있다. 지금도.

댐

아주 커다란 모든 흐름을 막아버릴 듯한
댐을 하나 만들어서
시간의 흐름을 잠시만 가두어두었으면 좋겠다.

나의 일부

하고 싶은 것도 많고 해야 할 것도 많은데
누군가 그 일부가 되어 스며들 수 있을까?

'그게 중요해 내가 중요해?'가 아닌
'당신에게 중요한 일이면 나한테도 중요한 일이야'
라고 말해줄 수 있는 그런 나의 일부.

처음

아무리 처음을 강조해도
와닿지 않으면 그 의미마저 사라져버려.

나는 어떤 사람일까

같이 있어도 따로 있는 것 같은 사람이 있고
떨어져 있어도 같이 있는 것 같은 사람이 있다.

사양할게

아쉬울 때 찾는 게 나라면 사양할게.
언제든 쉽게 떠날 수 있으니까.

그대 홀로 있기 두렵거든

한번쯤 다시 만나고 싶은 사람을 간직하고 있다는 것은
그의 안부가 궁금해서도
그를 만나 다시 시작하고 싶어서도 아니다.
나는 나의 길을 성실히 걸어왔고
내가 지내왔던 길은 보배로운 추억이 되었기 때문이다.
다시 돌아가고 싶어도 이미 그럴 수 없는
아름다운 시절 속에 머문 사람이기 때문이다.

먼 훗날 우연이란 다리 위에서 그를 만나게 된다면
지평선과 하늘이 입맞춤하는 곳에서 그를 맞게 된다면
그날에 걸맞는 고요한 미소 한자락 전하고 싶은 것이다.
저절로 음악이 되고 시가 되어 나의 삶을 채워준 그에게
사랑을 눈뜨게 해준 그에게
감사하는 마음을 대신하고 싶은 것이다.
-『그대 홀로 있기 두렵거든』, 인애란 -

누군가에게 잊을 수 없는 사람이 된다.
난 왜 아름답지 않고 잔인하다는 생각이 들까.

내 만족

나는 항상 사귀는 여자에게
최선을 다했다고 생각했지만
어제 만난 친구의 이야기를 들어보니
그건 내 만족이었을 수도 있다는 생각을 했다.

정말 그녀가 원한 건 A인데, 난 B를 주면서
"난 너한테 줄 수 있는 걸 다 줬어."라고 했을 수도
있겠다는.

어려운 거야

자신을 좋아했던 사람이라면
다시 자기를 좋아하게 만드는 것도
쉬울 거라는 오만한 생각.

그때의 '너'를 좋아했던 거겠지.

마음이 말로 표현되는 것

하고 싶은 말은 어마어마하지만
막상 꺼내면 한없이 작아 보인다.
마음을 보여주며
"자, 이만큼의 이야기가 있어.
내 마음의 크기는 이만해."라고 보여주고 싶다.

할 이야기는 많은데 정리가 되지 않아
횡설수설하기도 한다.
그렇게 당황하는 내 모습이 싫을 때도 있다.

마음이 말로 표현되는 것.
꽤나 어렵다.

다른 기억

예전에 만나던 사람이 가끔 생각날 때가 있다.
당연히 둘만의 좋았던 순간이 먼저 생각나야 하는데도
이상하게 다른 기억이 먼저 떠오른다.

어머니가 아파서 입원했을 때
같이 병문안을 갔는데, 언제 샀는지
발이 추우실까 봐 덧신을 사 왔다고 얘기하던 그 모습이.

한의원에서 일하던 그 친구가
일 때문에 힘든 나를 주말에 불러서
자기가 직접 물리치료를 해주던 기억이.

되돌리고 싶거나 다시 만나고 싶다기보다
그 기억들이 너무 예뻐서 다행이다, 라는 생각이 든다.

미련을 없애는 두 가지 방법

갖거나
버리거나.

오죽했으면

원래 안 그러던 사람이 다른 행동을 했다고 해서
변했다고 하기보다는
그 사람이 오죽했으면 이랬을까, 라고
생각해보면 어떨까?

서운함보다는
미안함이 생길 것이다.

많은 걸 거야, 아마

다들 말하지
나는 많은 것을 바라는 게 아니라고.
누구는 말해
그게 자기한테는 많은 거라고.

답은 정해져 있지, 항상

어떤 상황을 겪으면
답을 찾기보단
이미 답을 정해놓고
그 답을 말해줄 친구를 찾기 시작한다.

헤어질 때 하는 말

"당신에게 짐이 되기 싫어."
"당신은 너무 완벽해. 내가 문제라 그래."
"당신이 행복하기 바랄 뿐이야."
"당신은 내게 과분해."
"우린 맞지 않는 거 같아."

우리가 헤어질 때 하는 말들.

아무것도

아무것도 아니었을까?
아니면 아무것도 아닌 게 돼버린 걸까?

행복하시겠어요

어제 모임에서 새로 나온 여자분이 있었다.
어색해할까 봐 여러 가지 물어보던 중
4년 사귄 남자친구가 있다는 것을 알게 되었다.
약간은 짓궂은 질문으로
"결혼할 거예요?"라고 했는데
그분 대답은 단호하게 "네."였다.
보통 그런 질문에는 '하겠죠?' 혹은
'아마도요?'라고 하는데 뭔가 확신하는 모습이었다.
얘기를 하다가 다른 분이 물었다.
"어디가 좋았어요?"
"저와 다른 모습이 좋았어요. 저는 약간은 우울하고
그런 편인데 지금 남자친구를 만나서 많이 밝아졌거든요.
그 사람의 밝음이 좋았어요."
그 말을 하는 여자분은 예쁜 얼굴은 아니지만

괜히 예뻐 보였다.

어떤 자리에서 내 여자친구가 나에 대해 저렇게 웃으며 얘기해준다고 생각하면 정말 행복할 거 같다는 생각을 했다. 그리고 여자분께 얘기했다.
"남자친구분 정말 행복하시겠어요."

있긴 있나 보네

나이가 들수록 만남에 대해 무뎌지기 마련이다.
"야, 언제까지 설렘 타령 하냐?
그런 게 얼마나 갈 거 같아?
너도 알잖아. 얼마 못 가는 거." 등등
만남에 대해 냉소적으로 변해간다.

그냥 어느 정도 마음도 통하고
어느 정도 좋아해서 사귀는 게 다반사라고
생각하게 되고 나 또한 그런 만남에 대한 기대를
조금씩 조금씩 접어가는 거 같다.

친구가 오늘 갑자기 연락해서 불현듯 고백했다.
"나 이번에 진짜 설렘이란 말로는 설명이 안 되는…
아아, 아무튼
설렘보다 하나 위인 사람이랑 연락하고 있어. 대박이야!

꽃 사주고 싶은 생각이 처음 드네."
있긴 있나 보다, 그런 만남이.

보고 싶거나 못 본 지 오래됐거나

보고 싶어서 보는 사람이 있고
못 본 지 오래돼서 만나는 사람이 있다.

진즉

보고 싶었으면
진즉 봤겠지?

헤어지는 것

정말 헤어지는 때는 헤어지자고 할 때가 아니고
같이 찍은 사진을 숨기고 비공개로 하는 것도 아니고
완전 삭제하거나 찢어버릴 때다.
사진을 선택하고
'정말 삭제하시겠습니까?'
'예'로 마우스가 가다가 다시 '아니오'.
수십 번 고민하고 '예'를 누르면
이제 돌이킬 수 없다는 생각이 든다.
난
앞으로 몇 번의 사진을 삭제하게 될까.
이젠 끝까지 간직하고 싶은데.

눈동자

검은 눈동자를 지그시 바라본다.
그 안에는 또 다른 내가 있다.

내가 보여주고자 하는 모습이
그 안에 있을지는 항상 의문.

피드백을 여기에 쓰다니

'사람은 많이 만나봐야 돼'라는 뜻이 단순히
여러 만남을 반복한다는 게 아니라
그 만남 속에서 자신의 단점도 깨닫고
관계를 이어가기 위해선
자신이 어떻게 변화해야 하는지 깨닫는
그런 피드백 과정이라는 것을 이제야 알았다.

나랑 맞지 않으면 그 사람 잘못이라고만 생각했던
나는 나름 맞췄다고 생각했던
그 옹졸한 생각들이 부끄러워진다.

'아, 더는 못 해.' 하며 단순히
인연의 끈을 놓아버리기만 했던
나를 바꾸려고 하다 포기해버리던
내 모습들이 한심해졌다.

이젠 내가 어떤 부분을 노력해야 하는지 알기 때문에
다른 때처럼 그냥 놓아버리진 않으런다.
앞으론 더 잘되겠지.

지금은 뭐 해요

누군가 나에 대해 궁금해하는 게 좋다.
누군가를 알기까지 그 과정이 좋다.
뭐 좋아해요, 뭐 싫어해요,
평소엔 뭐 해요,

지금은 뭐 해요.

소소

사소해 보일 수도 있는 것을 '소소하다'고 표현하는
사람이 좋다.
그 사람에게 사소한 일은 없다.

모든 게 다 기억이고 추억일 테니.
그런 사람을 만난다면
그 소소함을 더 근사하게 만들어줄 수 있을 거 같다.

그땐 그랬지

신호등 초록 불이 반짝거렸다.
'다음 신호에 갈게.'
그렇게 몇 번의 신호를 넘겼는지.

빨간 불이 그렇게 좋을 수가 있었는지.
초록 불이 그렇게 야속한 적이 있었는지.

첫사랑

첫사랑의 기준은 많다.
처음 좋아한 사람,
처음 사귄 사람,
성인이 되어 처음 사귄 사람.

여러 기준이 많지만 누군가
"너 첫사랑 누구야?"라고 물어볼 때
머릿속에 처음 떠오른 그 사람이 첫사랑 아닐까.

예측되는 사람

"예측되는 사람이 좋아?"
라고 물었다.

이렇게 물어볼 것도 예상했을까.
말해주지 않고 웃어버린다.

대답이 뭐가 중요한가.
네가 웃었는데.

이런 생각 자체도 미안한 일

"여자친구 있으니 연락 안 했으면 좋겠다.
우린 친구로도 못 지낼 거 같다. 잘 지내."
라고 모질게 문자를 보내고서는 아무렇지도 않게
며칠을 보냈다.

아무렇지도 않은 내 며칠 동안
그 사람은 좀 힘들었겠구나라는 생각이 들더니
'이런 생각 자체도
지금 여자친구에겐 미안한 일이다'라며
다시 도리질한다.

내가 누굴 힘들게 하고
힘들어하는 일, 이제 없었으면.

오늘을 잊지 말자

함께 있을 때면 매 순간 오.늘.을.잊.지.말.자, 고
말하고 싶은 사람을 갖기 바랍니다.
여러분은 언제든 내.가.그.쪽.으.로.갈.게, 하는 사람이
되었으면 해요.
-『어디선가 나를 찾는 전화벨이 울리고』, 신경숙 -

사람들은 행복한 순간을 남기기 위해
사진도 찍고 글로도 남긴다.
그건 어떤 기록일 뿐 그 '순간'을 담기는 힘들다.

둘의 기억이 오롯이 그 순간을 간직하고 있어야만
그날의 오늘은 잊혀지지 않을 것이다.

벽과의 대화

너랑 이야기하면 벽 보고 얘기하는 것 같아.
내 이야기에 무관심한 대답과 제스처.
내 이야기가 끝나면 바로 시작되는 너의 이야기.
넌 네 이야기를 너무 하고 싶었던 거야.

결국
서로 아무 의미 없는 대화를 주고받고
웃으며 헤어지지.

공유하는 시간

공유하는 시간이 짧아지면서
사람들 간의 관계도 삐걱거리는 것을 느낀다.
억지로 노력할 수도 없는 그 모호함 때문에
더 아쉬움을 남길 수밖에.
허심탄회하게 털어놓고 툭툭 털고 일어설 수도 없다.
서로 아무 일도 없었기에.

단지 '우리 왜 이렇게 멀어졌을까'라는
자책만 하게 된다.

시를 듣다

시를 들었다.

내가 직접 읽는 것과는 조금 다른 느낌.
기차 안에서 전화기 사이로 들려오는 가는 목소리.
어둑해진 창밖을 보며 들으니
시를 다 읽어줬는데도 그 뒤의 다른 말들까지
시로 들렸다.

단어 하나, 문장 하나가
숨소리에 맞춰 내 귀를 간지럽혔다.

모든 게 다 맞을 순 없어

어떤 사람에게 아홉 가지 좋은 점이 있다.
한 가지 마음에 안 드는 게 있다.
예전엔 그 한 가지 때문에 다른 사람을 찾았다.
살면서 터득한 진리는
열 가지 다 마음에 들 수는 없다, 였다.

'분명히 전부 마음에 드는 사람이 있을 거야.'

그렇지 않았다.
그다음 사람은 다른 점이 마음에 들지 않았다.
오히려 한 가지가 아니고 여러 가지였다.

이제는 이렇게 생각한다.
'그 사람을 보고 안 맞는 그 몇 가지를
내가 안고 갈 수 있나.'

이게 기준이 되었다.
모든 게 마음에 들 거란 생각은 버렸다.
이렇게 생각하니 사람 볼 때 뭔가 쉬워진 거 같다.

'안 맞아'가 아닌 '안 맞아도 너랑 가고 싶다'가 된다.

연인끼리 안 싸우는 팁

오래 사귄 친구가 말했다.
연인이 싸우는 이유는
함께 있지 않는 시간을 못 참아서 그런 거라고.

생각해보니 진짜 그랬다.
같이 있으면 싸우지 않았다.
각자 친구를 만나거나
취미 생활을 할 때 주로 다툼이 일어났다.

왜 연락을 늦게 하냐
누구랑 있냐
내 생각은 하냐 등등.

여자친구와 10년 정도 만난 그 친구는
각자의 시간을 온전히 이해해주면

정말 싸우는 일 없이 즐겁게 사귈 수 있다 했다.
좀 어려워 보이기도 쉬워 보이기도 한 팁이었다.

그 느낌이 그리워서

생각이 왔다 갔다 한다.

취향이 맞았으면 좋겠다,
굳이 맞지 않아도 좋다,
취향은 어느 정도 맞아야 좋다.

좋아하는 부분들이 맞을 때
그 희열을 잊을 수 없어서 결국엔
다시 돌고 도는 거 같다.

좋아하는 음악을 같이 듣던 그 느낌들
좋아하는 책에 대해 이야기하던 그 느낌들
좋아하는 여행지에서 경험한 그 느낌들.

꼭 누군가의 추억이 그립다기보다
그 느낌을 포기할 수는 없을 거 같다는 생각.

이 기분

헤어진 지 얼마 지나지 않아
만나는 사람이 생겼다는 말을 전해들었는데
왜 이렇게 기분이 이상할까.

좋은 사람 만나면 좋겠다고 생각했는데
막상 들으니까 기분이 별로라
나 자신이 더 쿨하고 싶어지는 이 기분,
그리고 오묘하게 해방감이 드는 이 기분.
이제 새로 시작해도 되는구나, 라는.

지나간

이젠 억지로 떠올려야만 생각이 나.
아니, 생각이 잘 나지도 않아.
어떤 얼굴로 웃었더라? 생각나지 않아.
어떤 얼굴로 화냈더라? 생각나지 않아.
얼굴은 아는데 표정이 매치가 안 돼.

너는 너대로, 나는 나대로
지나간 시간 속에서 각자의 기억으로
희미하게 남아 있으면 한다.

앨범에 가을이 없을 뻔했다

누군가와 함께 해야만 그 계절을 사는 것처럼
가을이 오고 가는데도 낙엽 사진 하나
앨범에 없다는 사실을 알고 카메라를 꺼내 들었다.

들어주기만 해도 좋다

예전엔 내 얘길 잘 들어주는 사람을 만나고 싶다
생각했는데 이젠 조금 달라졌다.

굳이 내 얘기를 안 해도
신나게 자기 얘기를 하며 기뻐하는 모습을
지켜보는 것도 괜찮다, 라는 생각이.

오늘 하루 어땠나요

누군가를 만나 즐거운 시간을 보내고
집에 들어와 씻을 때면
그날이 아무리 힘들고 지쳤다 해도
'아, 오늘 즐거웠다'는 생각이 든다.

하루에 대한 평가는
그날 마지막 기억에 따라 좌지우지된다.

그럼 하루의 마무리로
항상 즐거운 사람을 만나면
매일매일 즐거웠다는 생각이 들겠네?

추억은 가라앉는 거

기억과 추억은 별도의 방에 있다고 생각했다.
원할 때 열어서 볼 수 있다고 생각했다.
요새는 원해도 찾지 못하는 걸 보니
기억과 추억은 가라앉는 거라고 다시 생각한다.

저 밑에 깔려 있는 '그것'들은
내 마음의 색깔이 탁할수록 보이지 않는다.
내가 선명해져야 가라앉은 '그것'들을
자유롭게 꺼내 볼 수 있겠지.

이미 물속이었으면

어떤 관계를 시작하는 게 두렵다고
생각해본 적은 없지만, 시작을 해야 할지 말아야 할지 고민한 적은 있다.
그럴 때마다 드는 생각은
이게 시작인지 아닌지에 대한 인지 없이 시작되면 얼마나 좋을까, 였다.

풍덩 빠져버리면 이미 빠져 있지,
내가 물로 뛰어들지 말지에 대한
고민은 없기 때문이다.

찬물인지, 뜨거운 물인지, 미지근한 물인지
발 끝으로만 느끼고 있으니 그게 참 어렵다.

더 슬펐을 뻔했다

한때는 비밀을 공유하던 사이가 멀어져간다.
공유했던 그 기억 또한 멀어져간다.
위로해주고 위로받은 기억도.
그때는 한없이 힘들었건만
지금은 그래도 이렇게 웃을 수 있으니까 망정이지
아니었으면 더

슬 펐 을 뻔 했 다.

가을 타는

가을 타는 사람들이 좋다.
유별나거나 감성적이거나 다른 무엇이든
작은 변화를 느낄 줄 아는 사람이라 좋다.
그 변화로 인해 우울해져도 좋고 들떠도 좋다.

그만큼 감정에 솔직하다는 거니까.

베스트셀러

베스트셀러는 잘 팔리는 책이지 '꼭' 좋은 책은 아니야.
맛집이라고 가봐도 맛없을 때도 많잖아?
직접 보고 맛봐야 '좋았다'고 한마디 할 수 있는 거지.

평범한 일상을 사는 법

하루하루가 특별해야 한다는 같잖은 생각 때문에
평범한 일상을 살아가기가 힘들어진다.
어느 정도의 지루함은 이미 포함된 거라 받아들이면
훨씬 가벼워지는걸.

이미 오래전부터 그래왔고 앞으로도 그럴 텐데,
그저 보고만 있으려니까
받아들일 줄 모른다는 거, 꽤나 골칫거리.

들어주는 게 전부

위로받고 싶다고 생각하지만 어떻게 위로받는 건지
본인도 잘 모른다.
막상 "위로받고 싶어."라는 말을 들어도
위로해줄 방법을 모르겠다.

그저 내가 해줄 수 있는 건 들어주는 게 전부다.
해줄 게 너무나 없다.
미안하다.

하루의 기록

뭔가 오늘 하루를 기억하고 싶다는 생각에
다이어리를 클릭하지만
이 과정만 중요하게 느껴지고 정작 내용은 없다.

확신하지 말 것

지금 생각해보면
시간이 지나면 변하는 걸 인정하지 않은 것 같다.
내가 생각하는 틀에 누군가를 가둬놓고
'이 사람은 이런 사람, 저 사람은 저런 사람'이라고
단정 지은 것 같다.

모두가 변하는 걸 인정하지 않았다.
근데 지나고 나니 나 역시 변한 것을,
변하고 있다는 것을 인정한 순간
조금은 이해되었다.

그다음에 드는 생각.
'어떤 일이든 확답 내리지 말 것.'
'변하지 않는다고 확신하지 말 것.'

자주 듣는 노래도 2주 뒤면 질리는 것처럼
난 절대 그러지 않을 거라고 확답 내리지 말 것.

내가 내린 결론이었다.

취미

내 취미는 다 혼자 할 수 있는 것뿐.
의도하지 않았지만
외롭지 않기 위한 자기 방어책이었다.

근데 퇴근길에는 언제나 무방비 상태다.

괜히 휴대전화만 만지작 만지작.
이 짧은 20~30분이 하루에서 가장 외롭다.
아니, 20~30분 때문에
하루 종일 외로웠던 느낌마저 든다.

타이밍

'인생은 타이밍'이라는 말을 너무 맹신한 나머지
어떤 일이 안 되거나 어떤 인연을 놓치고 나면
항상 타이밍 탓으로 돌렸다.

정작 타이밍이든 아니든
선택은 내가 했으면서.

타이밍아, 미안해.

감정 컨트롤

전자레인지의 강약 조절처럼
내 감정을 조절할 수 있는 무언가가 있으면 좋겠다.
한없이 흘러나오는 이 복잡미묘한 감정에
가끔은 지치고 힘들다.

내 감정을 '약'으로 맞춰놓고
조금은 유연하게 지켜보고 싶다.

텅 빈 헛웃음

쉬는 날 느지막하게 일어나
좋아하는 노래를 찾아 듣고
누워서 책 보며 스르르 잠들고
눈 떴을 때 어둑어둑해져 있어도
오늘 하루 아무것도 한 게 없다고 느껴져도
그때 그 '허탈함'

그 텅 빈 헛웃음을 좋아한다.

정리

방을 청소하다 겨울옷이 걸려 있지 않은 상태로
옷걸이들 사이사이에 끼어 있는 것을 보고
'겨울이 언제였는데 아직 겨울옷이 걸려 있지도 않네.'
하며 옷걸이에 걸었다.

문득 지금 계절이 여름인데
겨울이 끝나고 해야 할 일을 그냥 지나쳤다는
생각이 들었다.

어떤 시기가 오고 가면 해야 할 일들이 있는데
어쩌면 그것들을 지나치고 있지는 않은지 생각해봤다.

여름이 끝나면 가을이 시작되듯,
시작과 끝에는 정리가 필요한 것 같다.
사람이 만나고 헤어지는 데 정리가 필요한 것처럼.

서두를 필요 없다

얽매일 필요 없다.
서두를 필요도 없다.
차분히 운명을 맞이하면 된다.

항상 이런 식이다, 난.

당신은 왜 당신이 힘들지 않아야 한다고 생각하십니까

예전에 박신양이 TV에 나와서 말했다.

'나만 왜 이렇게 힘들까?'를 생각하는 저에게
어떤 교수님이 시 한 편을 공부해 오라고 하셨습니다.
이런 시였습니다.

"당신은 왜 당신이
힘들지 않아야 한다고 생각하십니까?"

나 스스로에게 다시 말한다.

'너 힘드니? 그것도 너의 인생이야.
그것마저 사랑할 줄 알아야 해.'

정해진 것들

저녁 6시라고 밥 먹는 게 싫다.
여름이 되면 꼭 바다를 가야 한다는 생각이 싫다.

밥은 배고플 때 먹고 싶고
바다는 바다가 보고 싶어질 때 보러 가고 싶다.

서른 몇 살에는 결혼해야지, 보다
이 사람과 정말 결혼하고 싶을 때, 그때 하고 싶다.

한참 부족하다

여러 가지로 힘들어하는 그대에게
건넨 말은 지극히 형편없었다.

"자고 일어나면 괜찮을 거야."
고작 해결책이라고 말해준 게
그냥 자라고?

여러 가지 말로도 기운 나지 않는 모습을
보고 있자니 내가 안절부절못했다.

내가 할 수 있는 거라곤
이해한다는 표정을 짓는 것과 들어주는 것밖에
해줄 게 없었다.

'이런 상황에선 이렇게 말하면 된다'라고

누가 알려줬으면 좋겠다.
누군가에게 힘이 된다는 것도 능력 같다.
아직 한참 부족하다.

유연하다는 것도 가끔은 쓸쓸

이젠 안 서운하다.
'그러려니…' 하게 된다.

'그럴 수도 있지 뭐.'

모든 일에 유연해졌지만 그게 썩 유쾌하지는 않다.
뭔지 모를 쓸쓸함은 어쩔 수 없나 보다.
너도 느끼니? 이 쓸쓸함과 애잔함을.
그리고 이 글을 보며 공감하고 있을 너의 모습.

일상을 보고한다는 것

나 뭐 하고 있어
어디 가고 있어
추워
더워
밥 먹었어
씻으려고
자려고
짜증 나
기분 좋다
눈 온다
비 내린다
술 마시고 있어, 취한다
시시콜콜한 일상을 보고할 땐 막상 귀찮았는데
지금은 내 사소한 일상을 보고하고 싶다는
생각도 든다.
모순이다.

중고 책

중고 책을 읽다 보면 나도 모르게 웃음이 나온다.
이 페이지에서 감명 깊은 부분을 표시하기 위해 모서리를 접으려고 하는데
이미 접어놓은 경우가 많기 때문이다.

독백

이야기하는 것을 좋아하지만
하루 종일 한마디도 안 할 때가 많다.
그땐 이렇게 글로 떠들어버린다.

대답 없는 독백처럼.

언제가 그리우세요?

누군가 나에게
"언제가 제일 그리우세요?"라고 물어본다면
아주 많은 기억 중에 딱 떠오르는 게 있다.

나이는 스무 살
선선한 가을 낮에 집 앞 공원 정자에서
혼자 책 보다 자고, 음악 듣던 기억.
그때 느낀 따뜻한, 뜨겁지는 않았던 그 햇살이 그립다.

대단한 기억이 떠오를 거 같지만 막상 그렇지도 않다.
나중엔 지금 이 순간이 그리울 수도.

글과 사람 자체가 꼭 같지는 않다

우울한 글을 쓰는 사람은
그 사람 자체가 어두울 줄 알았는데
아닌 경우도 많았다.
오히려 어두운 사람이 쓰는 글은
자신이 우울의 끝을 봤기 때문에
거기서 희망을 찾아 희망적인 글을 쓴다고도 했다.

글은 사람의 성격을 반영한다지만
꼭
그렇지만도 않다는 이야기다.

맛있는 것을 버리자

지하철 지하도를 걷다가
쓰레기통 뒤지는 걸인을 보았다.
비닐봉지 하나하나 까보며 먹을 것을 찾기에
속으로 이런 생각을 했다.

'앞으론 맛있는 것 좀 버려야겠다.'

맛있는 것을 사드려야겠다는 생각보다
버려야겠다는 생각이 먼저 든 게 꽤나 충격이었다.

말할 땐 쉬웠지

남한테 아무렇지도 않게
쉽게 얘기했던 것들이
지금의 나에게 한없이 어려운 것임을 느낄 때
정말 창피하다.

배려

'배려'와 '배려'가 만나면
때로는 그 의미가 상쇄되기도 한다.

그린그린

베스킨라빈스 그린티를 먹었더니
마음이 그린그린해진 거 같다.

계절도 감정이 있다면

계절도 감정이 있다면?
자연스럽게 봄, 여름, 가을, 겨울이 오는 게 아니고
오고 싶어서 오는 거라면
계절이 늦게 오는 건 서로 더 있고 싶어서라면

겨울이 봄을 질투하고 있다면.

네가 제일 예뻐

지하철 안.

어느 남자분이 약간 큰 목소리로
여자친구와 통화하고 있다.
책 보고 있는데 집중이 안 된다.
자꾸만 들려서 대충 들어보니,
여자친구가 '성형할까?'라고 물었나 보다.

"너 진짜 예쁜데 왜 성형을 해. 네가 제일 예뻐. 어딜 고쳐."를 남발하는데
처음엔 자제 좀 하지, 하다가
나중에는 여자친구 일에서는 사람이 조금 많아도
당당하게 "네가 제일 예뻐."라고 말할 수 있는 용기도
나에게 필요한 건 아닐까, 라는 생각이 들었다.

악순환

남자와 여자가 만난다.
서로가 서로를 괜찮다고 생각한다.

한쪽은 천천히, 조금 천천히 알고 싶다고 생각한다.
다른 한쪽은 밀어붙일 땐 밀어붙일 줄도 알아야지 하며
막무가내로 밀어붙인다.

한쪽은 '조금만… 조금만.' 더 지켜보고 싶을 뿐이고
한쪽은 '조금만… 조금만.' 더 밀어붙이면
잘될 거라 생각하니 이게 악순환이다.

괜찮은 사람끼리 잘 안 되는 이유 중 하나는
이런 악순환 때문일 거 같다.

친함

친함은 억지로 되는 게 아닌데,
알 텐데.

그

어떤 말이 생각나지 않아
"그, 그, 그…"라고 할 때
'그'라는 단어가 있어서
참 다행이다, 라고 생각한다.

금요일

금요일은 모두 취해도 용서가 되는 날 같다.
다들 술에 취해
"내가 솔직히 말해서…"를 남발한다.

애잔함

아저씨들은 특유의 냄새가 난다.
지독하거나 땀에 찌든 그런 냄새보단
설명하기 힘든 그냥 어떤 냄새.
기차 옆자리 아저씨도 똑같은 냄새가 난다.
어디서 맡았나 했더니 아버지 냄새였다.

갑자기 이 냄새가 모든 아버지에게 나는
힘듦의 냄새로 바뀌더니,
왠지 모르게 애잔해진다.

원래 그런 거야

'원래 그런 거'라고 해버리면
이해되지 않더라도
무조건 받아들여야 할 거 같은
찝찝한 기분이 든다.

억지 관계

억지로 어떤 관계를 지속하기에는
그러지 않아도 편한 관계들이 많기에
서서히 인연의 끈을 놓아버리게 된다.

부질없어

지독한 염세주의자가 되고 있다.
손잡고 바닷가를 걷는 어린 커플을 보며
행복하겠다, 생각하지 않고
'어차피 결혼은 다른 사람이랑 할 거잖아.
부질없다, 아기들아'라고 생각했다.

소개팅을 해준다는 친구에게도
"야, 다 부질없어. 의미 없어."

다시 생각해보면 염세주의자가 되고 있다기보단
원래 그랬다는 생각도 든다.

함께

슬픔보다 기쁨을 함께 하는 게 '더' 어렵다, 라고
쓴 적이 있다.
근데 막상 슬프니까 그런 건 생각나지도 않고
내 얘기를 들어주고 토닥여주는 사람이 고맙다는
생각밖에 안 든다.

슬픔과 기쁨을 비교할 문제가 아니라
어느 순간에도 그저 옆에 누가 있어주느냐가
중요한 거 같다.

'더'라는 말보단 '함께'라는 말에
비중을 두었어야 했다.

고맙다.

진짜 잠이 안 와

"요샌 잠이 잘 안 온다."
최근에 사귄 사람이 봤을 땐 예쁜 글
최근에 헤어진 사람이 봤을 땐 슬픈 글
요새 잠을 뒤척거리는 사람이 보면 공감 글
머리만 대도 자는 사람이 보면 이해 불가 글

자신의 상황에 따라 읽히는 글을
모든 입맛에 다 맞춘다는 거 자체가
실제로 엄청 어렵다는 거지.

위로

사람은 사람으로 위로받아야 제일 좋다.

음악이나 책이나 운동 등으로 받는 위로에
익숙해지다 보니 사람이 사람을 찾지 않게 된다.
사람을 찾았을 때 느낀 소외감이나 외로움 때문에
더욱더.
그래서 예전에 느낀 사람의 위로도 잊게 된다.
그때 그 따뜻해진 느낌도.

나는 오늘 사람으로 위로받았고
위로해줄 준비도 되었다.

행복을 느낄 기회가 더 많아, 분명히

"넌 너무 생각이 많아." 혹은
"넌 너무 사소한 거에 의미를 부여해."
"그냥 편히 살아라 쫌."

사소하거나 소소한 것에 의미를 부여하는 사람은
말 그대로 본인이 좀 더 피곤할 수도 있지만
그렇지 않은 사람보다
순간순간 행복을 느끼는 기회가 더 많을 것이다.

온통 어무이

어머니는 거실에서 주무셨다.
겨울이라 추워져 지금은 누나 방에서 같이 주무신다.
이 시간에 깨어 있다 보니
누나 방 문이 열리는 소리를 들었다.
'이 새벽에 누가 깼지?' 코 푸는 소리가 계속 들렸다.
감기 걸렸다는 어무이 말이 생각났다.
'아, 엄마구나.' 소리가 잠잠해지고 보니
다시 방에 들어가는 소리는 들리지 않았다.
'뭐지?' 하고 내 방 문을 열고 나가니
거실에 이불을 깔고 누워 계시는 어머니가 보였다.
"뭐 해요, 여기서?"
"아, 잠을 깼더니 뒤척거려서…."
"그래도 추운데 왜 여기서 자려고요. 빨리 들어가요."
"아, 코가 막혀서 계속 시끄럽고 그래서….
봐, 여기도 따뜻해."

대답하지 않고 내 방으로 들어왔다.
몇 분 뒤 누나 방 문 소리가 들렸다.
훌쩍거리면 누나가 깰까 봐
일부러 거실에서 자려는 우리 어무이.
내가 얘기 안 했으면 그냥 아무도 모르게
거실에서 아침까지 주무셨을 우리 어무이.
안 들어가면 아들 마음 아플까 봐 들어가신 어무이.
이 새벽 온통 어무이.

싸워봐야 안다

사람은 싸워봐야 안다.
싸운 후에 어떻게 처신하는가도
그 사람을 아는 데 아주 중요한 역할을 한다.
그 행동에 따라 그 사람을 판단하는 기준이
확 바뀌기도 하니까.

연인 친구와 친해지길

연애할 때 가장까진 아니더라도
상당히 조심해야 하는 부분은
'연인 친구의 말'이다.
그래서 연인 친구와 친해지면 조심할 부분이 줄어든다.
대부분 나를 몰라서 하는 말이 많으니까.

아무리 내 연인이 나를 믿더라도
주위 친구들이 다른 이야기를 하면
마음속에서 물음표가 생기기 마련이니까.

'그런가?'

간절해야 한다

사람은 간절해야 한다.
무언가 하다 마는 것은
그만큼 간절의 범위에 들어가지 못했기 때문이다.
간절하다면 하지 말라고 말려도 할 것이다.

괜찮아요?

그런 거 같다.
"괜찮아, 괜찮아질 거야."라는 말을 들으면
정말 마음이 편해지는 사람과
똑같이 "괜찮아, 괜찮아질 거야."라는 말을 들으면
아무 느낌 없는 사람.

'괜찮아'를 많이 사용하고 자주 사용하다 보니
그 말의 힘이 사라진 게 아니라
그 말을 하는 사람의 진정성이
조금씩 떨어졌기 때문 아닐까, 라는 생각이 들었다.

나는 그 말의 힘을 실어줄 수 있는
사람이었으면 좋겠다.

재촉하고 싶지는 않다

보행자일 때는
운전자가 초록 불 몇 번 반짝거릴 때 지나가면
기겁을 하고 째려보며 이런 생각을 한다.
'뭐가 저리 급해?'

운전자일 때는 다르다.
신호등 초록 불 몇 번 반짝일 때
느릿느릿 지나가는 보행자를 보며 생각한다.
'불이 반짝반짝거리면 뛰어야지. 태평하게 걸어가네!'

난 보행자일 땐 운전자를 이해 못 하고
운전자일 땐 보행자를 이해 못 했다.

내가 아닌 상대방의 입장을 생각한다는 것도
이와 비슷하다.

그 순간에 바꿔 생각하긴 힘들지만
시간을 갖고 헤아려보면 충분히 이해되는.
그 시간을 재촉하고 싶지는 않다.
불이 반짝거리지도 않는데 말이다.

자신만큼

좋아함의 기준은 언제나 자신만큼이다.

자신만큼 표현하지 않으면
덜 좋아한다고 생각한다.
'어떻게 좋아하는데 저럴 수 있지?'
이 생각도 자신과 비교했기 때문이다.

좋아함의 기준은 사랑의 표현 방식이 아니고
사랑의 깊이 차이다.

자신과 비교하지 말기.
어쩌면 자신보다 상대방이
더 사랑하고 있을 수도 있다.

단지 표현이 서투를 뿐.

어디가 좋아?

"내가 어디가 좋아?"라고 자주 물어 오면 불안해진다.

같이 먹고 싶다

내가 싫어하는 음식은 절대로 먹지 않는다.
어느샌가 내 기준에
'절대로 먹지 않는 음식'으로 분류된 음식들.
외형이나 냄새, 맛 때문에 어릴 때부터 싫어했던가,
어느 순간 싫어졌던가.
왜인지도 언젠지도 모르겠는 그런 음식들.

안 먹으면 된다고 생각했지만
좋아하는 사람이 나 때문에 그 음식들을
같이 먹을 수 없는 음식으로 분류했다고 생각하니까
갑자기 나 자신이 싫어졌다.
이유는 모르겠지만
그것들조차 다시 먹어보고 싶다는 생각이 들었다.

같이 즐겁게 먹어주고 싶다.

같이 이겨내려는 노력이 필요

저마다의 우울함 자체를 누가 더, 누가 덜, 로
비교할 수 없다.
상대적이기 때문에.

그저 같이 토닥거리면서 이겨내려는 노력이
필요하겠지.

오늘은 어땠어?

회사나 친구나 가족 일로 힘들 때가 분명히 있다.
그럴 때 만나는 사람에게
조심스레 얘기를 꺼내고 싶지만
뭔가 이걸 얘기한다 해도 해결되지 않을뿐더러
오히려 상대방에게 짐을 지우는 거 아닐까
고민하기도 할 것이다.

그런 고민을 할 때 상대방이 먼저
"오늘은 어땠어?"라고 물어본다면
그 한마디에 울컥할 수도 있고,
그 한마디에 "아… 사실." 하며
이야기를 꺼내기도 쉬워질 것이다.

"오늘은 어땠어?"라고 매일 묻는 건 인사치레 같겠지만
정말 궁금해서이기도 하고

혼자 담아두고 힘들어할 일이 생기지 않았을까, 라는 걱정 때문이기도 하다.

어린 시절 학교 갔다 오면
"아들, 오늘 학교에서 별일 없었어?"
묻던 어머니 마음과 조금은 비슷한 느낌 아닐까.

내 사람

예전엔 누가 내 사람이고, 아니고, 가 되게 중요했다.
근데 하루아침에 내 사람이 남이 되기도 하고,
별안간 남이 내 사람이 되는 것을 보며
너무 깊게 생각하지 않기로 했다.

'그냥 보고 싶을 때 볼 수 있으면 그걸로 된 거다.'

100

평생 내가 가진 감정이
100이라는 수치로 정해져 있다면
과연 다음 사람한테 줄 감정이 남아 있는지 모르겠다.

난 앞으로 내가 느낄 감정들을 벌써 다 경험해버린 건
아닐까.
- 영화 〈Her〉 -

이것도 지금의 고민일 뿐
막상 다음 사람을 만나면
또 100이 생긴 것처럼 행동하겠지.

사진 찍는 여자

사진을 예쁘게 찍는 여자를 보면
가끔 이런 생각을 한다.
'이 여자를 만난다면
저 예쁜 사진 속에 내가 들어 있겠지?'

순간 순간을 사진, 기록으로 남기는 여자를 보면
가끔 이런 생각을 한다.
'이 여자를 만난다면
나와의 추억이 저렇게 매일 기록되겠지?'

내가 예쁘게 찍어줄 수 있는 것과
내가 순간 순간을 남기는 것과는 다른 개념.
나도 이제 누군가의 프레임 안으로
들어가보고 싶다는 생각.

문장 찾기

책 자체가 따분하고 재미없어도
마음에 드는 문장 하나 건지면
그게 그렇게 기분이 좋다.

어찌 보면 내가 책을 보는 이유는
그 문장들을 찾기 위함이 아닐까 생각해본다.

잦은 우연

우연이 잦으면 '잦은 우연'일 뿐이다.
우연이 운명이나 필연으로 가려면
'노력'이 있어야 한다.

"운명이네요."
"통했네요."

정도로는 그냥 신기하게 통한 사이가 될 뿐이다.

계절을 선물하고 싶다

누군가를 만나면 계절을 선물하고 싶어.
각 계절에 어울리는 추억을 만들어서
계절이 바뀔 때마다 신 나 하는 모습을 보고 싶어.

곧 봄이네! 곧 여름이네! 곧 가을이네! 곧 겨울이네!

그럴 때마다 머리를 쓰다듬으며
그렇게 좋으냐 묻고 싶어.
어차피 대답은 알고 있으면서도.

위로의 말

위로도 트렌드 같다.
"힘내."라고 했을 때 정말 힘이 난 적이 있었다.
그게 점차 흔한 말이 됐고
그다음은 "괜찮아."라며 다독거리는 말이 위로였다.
이젠 "힘내지 않아도 괜찮아."

저 말들까지 무뎌진 지금
우리를 위로해줄 수 있는 말은 뭐가 있을까.

사실 말이 중요한가 싶기도 하고
상대방의 눈빛,
정말 위로해주고 싶다는 표정 하나하나가
위로가 될 때도 있는 것처럼.

짧은 진심

말을 짧게 하면
진심도 짧게 전달되더라.

유년의 역사가

나는 그녀가 말하는 모든 일화를
쫓아 들어갈 준비가 되어 있었고,
정곡을 찌르지 못하는 그녀의 모든 농담을,
실마리를 놓치곤 하는 모든 사유를 사랑할
준비가 되어 있었다.
그녀에게 완전히 감정을 이입하기 위하여
나 자신에게 몰두하는 것은 포기할 준비,
클로이를 쫓아가 그녀에게 가능한
모든 자아들 속으로 들어가볼 준비,
그녀의 모든 기억을 목록으로 차곡차곡 분류할 준비,
그녀의 유년의 역사가 될 준비,
그녀의 모든 사랑, 공포, 증오에 대해서 배울 준비가
되어 있었다.
-『왜 나는 너를 사랑하는가』, 알랭드 보통 -

누군가가 궁금해지면
그 사람이 듣는 노래, 좋아하는 책, 좋아하는 영화가
궁금해진다.
왜 그 노래를 좋아하는지 들어보고
그 책을 찾아서 읽어보고
그 영화를 찾아 보면서 생각한다.
'어떤 부분이, 왜 좋았을까?'
보고 들으면서 계속 고민한다.
그녀의 유년의 역사가가 될 준비처럼.

인연은 예고 없이 온다.

다시 고백하고 싶다

너에게 고백했던 말들을 돌려받아
고쳐 써서 다시 주고 싶다.

여러 번 생각한 말들은 온데간데없이
횡설수설했던 그 모래알 같은 말들.

이미 네 안에 흩어져 있어
돌려받지 못하는 것을 알기에
다시 한번 더 고백하고 싶다.

비가 내린다

비는 '내리는 게' 맞다.
근데 우리는 비가 '온다'고 말한다.

내린다고 써보니 차가운 아스팔트에 내리꽂혀
혼자 부서지는 느낌,
온다고 써보니 내가 그 아스팔트에서
하늘을 올려다보며 같이 맞아주는 느낌.

오늘은
비가 많이 내린다.

날 떠올렸을 때

선명해지고 싶다.

눈앞에서도
날 떠올렸을 때도.

새해여서 기쁜 게 아니라
'다시 시작할 수 있는 시간을 얻은 기분'이 좋은 거였다.

자, 다시 시작하자.

너라서 좋아

"내가 좋아?"
"응."
"내가 뭐가 좋은데?"
"그냥 다 좋아."
"다 좋은 거 말고 딱 뭐가 어떻게 좋은데?"
"네가 이렇게 '내가 좋아?'라고 물어보는 게 좋고, 난 그 질문에 '그냥 다 좋아'라고 말하는 게 좋아."
"뭐야…."

*

"뭐야…."라고 할 때 살짝 올라간 입꼬리가 좋았다. 귀 뒤로 넘긴 앞머리가 살짝 내려와 내가 다시 넘겨줄 때 지그시 감는 그 찡그린 눈매가 좋았다. 그 눈매를 보고 있자면 나도 모르게 웃음이 나왔다.

사실 좋아하는 이유야 많았지만 다 열거해버리고 나면 나의 감정이 딱 그만큼으로 한정되는 거 같았다. 그리고 가끔, '좋아하는데 이유가 있나?'
나에게 질문했고 대답은 늘 '그냥 다 좋다'였다. '백 가지'라고 해버리면 딱 '백 가지'로 느껴지는 데, '다'라고 해야 내 무한한 감정을 표현할 수 있을 거 같았다. 알랭드 보통의 『왜 나는 너를 사랑하는가』에 이런 구절이 나온다.

상대방에게 무엇 때문에 나를 사랑하게 되었느냐고 묻지 않는 것은 예의에 속한다. 개인적인 바람을 이야기하자면, 어떤 면 때문에 사랑받는 것이 아니라 나라는 사실 때문에 사랑받는 것이다.

맞는 말이다.

나는 '내가 어디가 좋아?'라고 묻지 않는다.
그냥 마음속으로 '나'라서 좋아하기를 바라기 때문에.
나의 어떤 면 때문에 좋아졌을지언정 나중에는 그 어떤 면이 커지고 커져서 한 덩어리로 뭉쳐 '내'가 되길 바란다.
나중에 진심을 담아 "너라서 좋아."라고 했을 때 나의 진심이 전해질지는 잘 모르겠다. 그 대신 그다음에 안아주며 내 두근거리는 심장을 느끼게 해주면 나의 마음이 조금은 전달되지 않을까 생각해본다.

나만의 게임

어쩌면 나는 내 감정의 크기를 그녀에게 강요했는지도 모른다. 아니, 강요했다.
'나는 이만큼이나 너를 좋아하고 표현도 잘하는데, 너는 왜 이리 반응이 없어? 나 안 좋아 해?'라는 유치한 질문이나 해댔다. 그러고 나면 그녀는 시큰둥하게 대답했다.
"네가 날 그만큼 좋아한다고 해서 내가 똑같이 그만큼 좋아해야 돼? 내 마음이 그렇게 안 되는걸? 예의상이라도 그렇게 해줘?"
그런 대답을 들었을 때는 아차 싶었다. 감정의 크기나 사랑에 빠지는 속도 또한 다른 것임을 알면서도 은연중에 나와 똑같기를 바란 것이다.
뭔가 그런 일이 있고 나면 '나 혼자만 어떤 게임 안에서 놀고 있는 건 아닌가?'라는 생각도 들었다. 그녀가 나를 좋아하지 않으면 게임오버가 되는 그런 게임.
그래서 필사적으로 구애하고 좋아한다 표현해야 하는 그런. 이런 감정의 차이로 힘들어할 때 나를 위로해준 글귀가 있다.

받는 것보다 더 많이 주고 있다는 생각 때문에 고통스러운 건 아닌가.
우리가 만든 규칙이 받아들여지지 않아서 괴로운 건 아닌가.
본질적으로는 아무 이유 없이 괴로워하고 있는 게 아닌가.
- 『피에트라 강가에서 나는 울었네』, 파울로 코엘료 -

이 구절이 큰 위로가 되었다.
나는, 정말, 아무런, 이유 없이 괴로워하고 있었던

것이다.
그냥 물 흐르듯 자연스럽게 빠지고, 허우적대고,
빠져나오면 될 일인데 발을 담그려 할 때부터
'왜 아직도 안 들어갔어. 나는 이미 빠져서 허우적거
리는데'라고 했던 것이다.

때가 되길 기다려본다.
내가 진심이면 그녀도 진심을 알아줄 것이다. 통통거
리던 그녀가 어느 날 해맑게 웃으며 얘기할 날이 기
다려진다. 조금 수줍게 요새는 왜 좋아한다 안 하냐
고, 변한 거냐고 어깨로 툭 칠 때, 지금 이 모든 생각
은 다 쓸데없었다고 느낄 것이다.

이건, 그때를 위한 기록.

아쉬웠으면 좋겠습니다.
얇은 이 책이, 얇아서 아쉽게 느껴졌으면 좋겠습니다.
하나의 느낌으로 정의될 이 책은
조금 더 읽고 싶은 책이었다, 였으면 좋겠습니다.

박상범

낭만주의자. 우리들의 낭만을 기록합니다.
nasca87@naver.com
@bestpsb2

청춘문고 018

너이기도 했다가 너일 때도 있었다

2019년 4월 3일 1판 1쇄 발행
2025년 2월 14일 1판 4쇄 발행

지 은 이 박상범
발 행 인 이상영
편 집 장 서상민
책임 편집 이상영
교정·교열 노경수
디 자 인 서상민, 오진희
마 케 팅 박진솔
펴 낸 곳 디자인이음
등 록 일 2009년 2월 4일:제300-2009-10호
주   소 서울시 종로구 자하문로 24길 24
전   화 02-723-2556
메   일 designeum11@gmail.com
blog.naver.com/designeum
instagram.com/design_eum

---

*잘못된 책은 바꾸어드립니다.